DE

L'AFFRANCHISSEMENT

DES ESCLAVES

PAR L'ÉDUCATION RELIGIEUSE.

DE
L'AFFRANCHISSEMENT
DES ESCLAVES

PAR L'ÉDUCATION RELIGIEUSE.

PAR

M. GRANIER DE CASSAGNAC.

PARIS,

IMPRIMERIE DE H. FOURNIER, ET Cie.
RUE DE SEINE, 14.

1837.

DE

L'AFFRANCHISSEMENT

DES ESCLAVES

PAR L'ÉDUCATION RELIGIEUSE.

———

Pendant que les philanthropes déclament et délibèrent en France sur le régime des noirs, en accusant d'obscurantisme et de cruauté les possesseurs d'esclaves, le conseil colonial de la Martinique vient de faire une réponse brève, significative et péremptoire, aux calomnies de cette vertu bavarde. Dans sa séance du 13 juin dernier, il a voté le traitement de huit prêtres nouveaux, destinés à faire, sur les habitations, l'éducation religieuse et morale des esclaves. Or, instruire les noirs serait un mauvais moyen de perpétuer leur esclavage, car un esclave instruit est à moitié libre.

Il nous est plus d'une fois arrivé déjà de nous élever contre les clubs philosophiques et philanthropiques de Paris, qui occupent leurs loisirs, faute de mieux, à jeter le désordre dans les colonies françaises. Ces clubs, dans lesquels il se trouve toujours quelques avocats ou quelques voltairiens de bas étage, ne tiennent aucun compte des faits qu'ils ignorent, et poursuivent opiniâtrément, les uns par pure manie de rêveurs, les autres par amour du bruit et par ambition privée, la réalisation de plans dont ils ne sont pas en mesure, à cause de la différence des lieux et des hommes, de comprendre la portée ou d'apprécier la déraison. Ils vont toujours devant eux, demandant l'abolition de l'esclavage, sans savoir au juste ce que c'est que cet esclavage contre lequel ils s'élèvent, ou cette émancipation pour laquelle ils réclament, et marchant sur la foi de quelques axiomes philosophiques qui ont conduit en France les classes ouvrières dans la situation effroyable où nous les voyons. Malheureusement, tel est parmi nous l'esprit d'en train et d'imitation irréfléchie, qu'il n'y a pas d'idée si étrange qui n'ait ses partisans et ses prôneurs. Les clubs philanthropiques ont donc produit leur prosélytisme, et voilà déjà quelques années que près d'une dizaine de conseils généraux émettent annuellement un vœu stéréotypé en faveur de l'émancipation des esclaves. Tout cela est, si l'on veut, quelque peu excentrique, et même quelque peu ridicule; et les habitans du département du Loiret, par exemple, qui sont fort prononcés pour l'émancipation des nègres, trouveraient très-extraordinaire un vœu du conseil colonial de la Martinique qui demanderait la suppression du droit de navigation sur la Loire. Mais quelque exorbitants et inouïs que soient ces faits, ce sont des faits, et il il est à redouter que la fièvre philanthropique ne gagne les conseils généraux : des conseils généraux, elle passerait aux députés, des députés au *Bulletin des lois*, et les colonies seraient perdues. C'est ainsi, du reste, et à l'aide d'engagements imposés aux membres des Communes par l'intermédiaire des comtés, que les abolitionistes anglais ont obtenu en si peu de temps l'émancipation des esclaves.

C'est en présence de ce péril, péril réel et peut-être imminent, qu'il faut se hâter de dire la vérité à tout le monde : aux philanthropes, sur la stérilité de leurs théories pseudo-libérales ; aux colons, sur le danger d'une apathie imprudente, et du mantien pur et simple de ce qui est ; il faut montrer aux abolitionistes l'inutilité de ce qu'ils font, et aux planteurs la nécessité de ce qu'ils ne font pas, ou du moins de ce qu'ils n'ont pas fait encore.

En ce qui touche les moyens proposés par les philanthropes, il n'est pas difficile d'en faire sentir l'inefficacité.

En deux mots, qu'est-ce que la liberté ?

Évidemment, la liberté c'est le pouvoir d'user dans une certaine mesure légale des facultés qu'on a. Avant de donner aux nègres le pouvoir d'user de leurs facultés, il faut donc savoir s'ils en ont, et leur en créer s'ils n'en ont pas ; sans cela, la liberté n'est qu'une dérision. Donner à un homme la liberté d'économiser s'il ne comprend pas l'économie, de se marier s'il ne comprend pas le mariage, de faire élever ses enfants s'il ne comprend pas la famille, c'est lui faire un présent qui n'a aucune signification pour lui et dont il ne peut pas se servir.

La liberté pure et simple peut donc être un don précieux ou un don stérile, selon les hommes qui la reçoivent. Pour des hommes intelligents, actifs, sages, rangés, moraux, comprenant les devoirs de la société et se sentant capables de les remplir, la liberté est un bien immense ; pour des hommes grossiers, ignorants, à demi sauvages, n'ayant aucune notion précise des devoirs sociaux, aucune idée et aucun désir de la famille, la liberté n'est bonne à rien d'utile, de fructueux, de fécond. Quelle est aujourd'hui, en général, la bonne chose qu'un nègre aurait l'envie de faire et que l'esclavage l'empêche de réaliser ? Il n'y en a pas.

Voyez ce qu'a produit en France, pour la classe ouvrière, la grande révolution de 1789 ! A cette époque, les classes ouvrières étaient déjà loin de l'esclavage et même du servage ; elles vivaient au milieu de villes riches et éclairées ; elles avaient la civilisation autour d'elles ; elles étaient de cette race européenne vive, intelligente, prompte aux idées ; elles faisaient partie d'une société régulière et déjà vieillie ; rien ne leur manquait en fait d'éducation : elles avaient la religion et la famille pour le cœur, les philosophes pour la tête, les ateliers pour les mains ; on pouvait donc ou jamais leur dire : Soyez libres !

Eh bien! on le leur a dit en effet; on leur a dit : « Renversez les maîtrises qui vous séparent de la liberté d'industrie; renversez les préjugés qui vous séparent de l'égalité des emplois; vous avez la liberté de devenir riches, savants, illustres. » Qui est-ce qui en a profité? presque personne.

Quelques individus d'élite, et ceux-là parviennent toujours, sont montés à la surface de la société; mais les classes ouvrières sont restées au fond. Quand on leur a donné la liberté d'être actives, économes, intelligentes, on ne leur a pas donné pour cela l'intelligence, l'économie et l'activité; on leur commandait de voler, et on ne leur donnait pas des ailes.

Or, si les classes ouvrières de la France, qui ont eu tous les avantages de la race et de l'éducation, qui étaient sorties du servage depuis huit siècles, qui avaient les habitudes de la famille, qui comprenaient la nécessité du travail et qui l'aimaient, n'ont pas retiré plus d'avantages de la liberté d'industrie qu'on leur a donnée, et si elles sont aujourd'hui plus nombreuses et plus pauvres que jamais, si nombreuses et si pauvres, que chaque année, quand elles ne recourent pas aux armes, comme à Lyon, elles ont recours à de grands systèmes d'aumônes par souscription, malgré l'aumône permanente des hôpitaux et des maisons de secours de toute sorte, qu'est-ce donc que la liberté d'industrie produirait pour les nègres?

Les nègres ont évidemment le désavantage de la race ; depuis six mille ans qu'ils ont l'Afrique, comme nous avons l'Europe, ils n'ont jamais su faire chez eux ce que nous avons su faire chez nous ; ils ont le désavantage de l'éducation ; ils ne sont pas encore sortis d'esclavage ; ils ne sont pas mariés, et n'ont pas en général l'envie de l'être ; ils n'ont aucun souci de la paternité, et partant aucune idée de la famille ; le testament, l'hérédité et la transmission des biens sont autant de lettres closes pour eux ; ils n'ont par conséquent aucune des convictions qui font travailler et amasser, c'est-à-dire qui constituent une société régulière et permanente ; en un mot, ils sont incomparablement moins préparés à la liberté d'industrie que ne l'étaient les classes ouvrières, en France, à la révolution ; et si cette liberté a fait si peu parmi nous, que ferait-t-elle parmi eux ?

Nous y revenons, parce que là est le vrai ; la liberté est par elle-même un don stérile ; le bien qu'elle peut faire dépend de l'état moral de ceux qui la reçoivent. La liberté d'user de ses facultés, quand on n'a pas de facultés, est une déception amère ; donner la liberté sans les idées préalables qui la rendent utile et nécessaire, c'est accorder aux pierres le droit de se lever et de marcher.

Ainsi, quand les clubs philanthropiques veulent donner la liberté aux esclaves, ils ne leur donnent au fond rien du tout, puisque la liberté par elle-même ne procurera pas aux esclaves de l'intelligence et de la moralité, s'ils n'en sont pas déjà pourvus ; puisqu'elle n'improvisera pas en eux l'amour du travail, de l'ordre et de l'économie, s'ils ne le possèdent point d'ailleurs ; puisqu'elle ne les changera pas du soir au matin en ouvriers laborieux, en pères de famille tendres et prévoyants, si l'on n'a déjà versé dans leurs cœurs et dans leurs têtes les sentiments et les idées qui font la paternité et qui constituent la tradition des aïeux.

Nous l'avons déjà dit, la liberté étant le pouvoir d'user des facultés qu'on a, il y a quelque chose qui précède nécessairement la liberté, ce sont ces facultés elles-mêmes.

Les philanthropes prennent donc la civilisation au rebours, eux qui s'inquiètent des effets, avant de s'inquiéter des causes ; eux qui demandent pour les nègres l'exercice de leurs idées, avant de leur donner ces idées ; eux qui disent aux statues de se mouvoir, avant de les avoir animées.

Eh bien ! ce que les philanthropes ne font pas, les colons doivent et peuvent le faire. Tandis que les phrasiers des clubs de Paris veulent donner aux esclaves une liberté stérile, les colons doivent leur donner une éducation fructueuse ; tandis que les philanthropes emploient les avocats, il faut que les colons emploient les prêtres ; vous verrez que ceux-ci auront émancipé les esclaves plus tôt et mieux que ceux-là.

Et d'ailleurs, le christianisme n'en est pas à son

coup d'essai en ce genre, et ce qu'il a fait est caution de ce qu'il fera. Quand il a pris le gouvernement des choses morales de la terre, toute l'Europe était couverte d'esclaves; et pourtant il les a émancipés un à un, sans secousse, sans violence, sans révolution, sans spoliation. Il a fait par l'éducation ce que Spartacus et les esclaves siciliens n'avaient point fait par leurs sabres, et ce que les avocats ne feront point par leurs déclamations.

Il y a, entre la méthode du christianisme et celle des philanthropes pour l'émancipation des esclaves, toute la distance qui sépare une grande idée civilisatrice d'un étroit et stérile empirisme. Le philanthrope ne voit qu'une chose, la liberté, le droit de suffrage; le christianisme s'occupe de la moralité et de l'intelligence, c'est-à-dire de ce qui peut rendre la liberté une chose désirable et féconde. Le christianisme, disions-nous, quand il se produisit dans le monde, alors couvert d'esclaves, n'eut jamais la pensée de rédiger des bils d'affranchissement, quoiqu'il fût plein d'amour pour les pauvres et pour les faibles; il savait trop bien que ce qui pressait, ce n'était pas tant d'ôter les chaînes des mains des esclaves, que de leur ôter l'ignorance de l'esprit et le vice du cœur; qu'après qu'il leur aurait inspiré le sentiment de la famille, la tendresse conjugale et la bonté paternelle, l'amour du travail, le respect de la propriété, le désir de l'ordre, le besoin du repos et du calme dans l'avenir, c'est-à-dire qu'après qu'il les aurait faits hommes, il les aurait véritablement faits libres.

Le christianisme n'opéra jamais autrement, et il vint à bout, en quelques siècles, de mettre en liberté les esclaves de l'Asie mineure, de la Syrie, de l'Italie, de l'Afrique, de l'Espagne, de la Gaule, c'est-à-dire les deux tiers de la population de l'Orient et de l'Occident. Il le fit sans confusion, sans révolte, sans massacre; en améliorant à la fois le sort des maîtres et le sort des esclaves; car les esclaves instruits et moralisés continuèrent la culture des terres avec une ardeur au moins égale, lorsque d'esclaves indifférents ils furent devenus mercenaires actifs et économes.

Imaginez la philanthropie entreprenant l'œuvre du christianisme; supposez les clubs philosophiques d'aujourd'hui siégeant à Jérusalem ou à Rome, et de là, organisant le nouveau monde moral qui devait ruiner l'ancien, mais le ruiner en le remplaçant, et seulement à mesure qu'il le remplaçait. Au lieu de ce respect aux puissances que le christianisme commandait et imposait, les philanthropes auraient procédé par une immense révolte; au lieu de calmer les esclaves d'Ephèse et de l'Asie mineure, que les nouvelles idées mal comprises avaient émus, au lieu de leur écrire comme saint Paul : « Esclaves, obéissez à vos maîtres avec crainte et tremblement : (1)» M. Isambert (qu'on nous pardonne ce rapproche-

(1) Servi, obedite dominis carnalibus cum timore et tremore, in simplicitate cordis vestri...   (*Epist. D. Paul. ad Ephes.*, cap. vi, v. 5.)

ment) leur aurait écrit : « Esclaves, prenez vos coutelas et faites-vous libres ! »

Eh bien, à ce mot, à ce seul mot, échappé à la bouche ou à la plume d'un apôtre, tout l'Occident et la moitié de l'Orient auraient été en feu; la révolte se serait répandue comme l'éclair de province en province et de ville en ville, de Rome à Memphis et de Trèves à Jérusalem ; les esclaves soulevés et réunis auraient formé des armées immenses et terribles, qui auraient laissé bien loin dernière elles le souvenir de Spartacus et d'Eunus le Syrien ; l'agriculture aurait été abandonnée ; le menu commerce, le travail des mines, tout ce que la main des esclaves créait de richesses, serait tombé en oubli ; ces sauvages conquérants de la liberté, ces stupides chercheurs de civilisation auraient passé, comme passent l'eau ou le feu, sur toute la face du monde romain ; et ils auraient tant accumulé de vengeances, tant amoncelé de ruines, que les barbares, accourus deux siècles plus tard, seraient eux-mêmes restés épouvantés au spectacle de cette désolation.

« Mais au moins les esclaves auraient été libres ! » Oui, les esclaves auraient été libres ; seulement, vous oubliez de dire à quel prix. Les esclaves auraient été libres au prix du bouleversement du monde, au prix du massacre des villes, au prix de la chute des arts et des lettres, au prix de la ruine du commerce et de l'agriculture, c'est-à-dire en définitive au prix de leur propre vie, car après avoir changé l'Occident en un désert, ils y seraient morts de faim. Qui est-ce donc qui aurait labouré et ensemencé les champs pendant le soulèvement des esclaves? qui est-ce qui aurait élevé et nourri les troupeaux? quel est l'étranger qui se serait risqué à entreprendre quelque négoce au milieu d'un chaos universel? et si, malgré la soumission des esclaves, malgré l'activité du commerce, malgré la paix générale, le monde romain fut quinze ou vingt fois, durant les trois premiers siècles de l'ère vulgaire, envahi et dévasté par d'horribles famines, que serait-il devenu pendant un tumulte qui aurait tari subitement toutes les sources de la richesse publique!

Heureusement le christianisme avait sa voie à lui, une voie de résignation, d'ordre et de patience, et cette voie a mené les esclaves à la liberté, plus sûrement et plus promptement que ne l'eussent fait tous les philanthropes. Jamais il ne s'inquiéta directement de la liberté, parce que la liberté est une idée morale qui vient naturellement et qui s'établit d'elle-même, quand elle est précédée des idées de la famille. Aussi le christianisme ne s'occupa-t-il que de la famille. Tandis que saint Paul écrivait aux esclaves de l'Asie mineure d'obéir avec crainte et tremblement, il écrivait à leurs maîtres « d'être bons et cléments pour les esclaves, de ne point oublier que Dieu qui est au ciel était leur maître à eux tous, parce qu'il n'y avait pas d'acception de personnes devant lui (1)». Ailleurs il écrivait « qu'il n'y avait plus

(1) Et vos, domini, eadem facite illis, remittentes minas : scientes quia et

ni esclaves , ni maîtres; mais que tous les hommes étaient égaux en Jésus-Christ (1)». C'était la première fois que les esclaves s'entendaient appeler hommes; car, dans toute l'antiquité, la loi avait considéré les esclaves comme des choses, et Platon lui-même, le plus grand philosophe du paganisme, était d'avis avec Homère que les esclaves n'avaient que la moitié de l'ame humaine (2).

Ce fut donc en faisant naître dans l'ame des esclaves le sentiment de la dignité humaine que le christianisme commença leur émancipation. Ajoutons que le christianisme n'était pas une doctrine creuse, et que ce qu'il disait, il le faisait. Après avoir annoncé aux esclaves qu'aux yeux des chrétiens, ils étaient des hommes aussi méritoires que les autres, il les traita réellement comme les autres hommes, et, par exemple, il les admit dans la cléricature sans aucune distinction avec leurs maîtres, bien entendu lorsque ceux-ci leur avaient accordé la liberté, car le christianisme se montra toujours

illorum et vester dominus est in cœlis, et personarum acceptio non est apud eum.   (*Epis. B. Paul. ad Ephes.*, cap. vi, v. 9.)

(1) Non est... servus neque liber ; ..... omnes enim vos unum estis in Christo Jesu.   (*Epist. B. Paul. ad Galat.*, cap. iii, v. 28.)

(2) Il n'y a jamais eu, parmi les païens, un seul philosophe qui ait conçu l'idée de l'égalité des hommes. Cette idée appartient au christianisme. Platon, qui avait pourtant copié littéralement des passages de la Genèse et des Prophètes, dans des traductions des livres hébreux antérieures à la traduction des Septante, est tout-à-fait d'avis que les esclaves ne sont pas des hommes comme les autres, et il cite là-dessus, pour corroborer son opinion, les deux vers suivants du xvii° livre de l'*Odyssée*, dans lesquels Homère a dit que les esclaves n'ont que la moitié de l'ame humaine :

Ἥμισυ γάρ τ'ἀρετῆς ἀποαίνυται εὐρύοπα Ζεὺς
Ἀνέρος, εὖτ' ἄν μιν κατὰ δούλιον ἦμαρ ἕλῃσιν·

     (Plat. de legib. lib. vi.)

d'une sévérité inflexible sur la justice; il considérait le travail de l'esclave comme la propriété du maître, et, à ses yeux, toute émancipation frauduleuse était un vol. Un esclave s'étant donné faussement pour libre, reçut les ordres et devint évêque; son mensonge ayant été reconnu, il fut déposé comme sacrilége, et ramené à la chaîne comme malfaiteur (1).

Le christianisme accordait donc aux esclaves toutes les prérogatives morales qui étaient le partage des hommes libres; mais aussi ils leur en imposaient les devoirs. Les païens avaient toujours refusé aux esclaves de les reconnaître pour des hommes ordinaires, et un affranchi, quels que fussent ses mérites, était toujours à leurs yeux un homme méprisable (2); aussi, n'admettant en eux aucune dignité, ils ne leur avaient imposé aucune vertu. Le christ'anisme changea toutes ces idées; il vit dans les esclaves des hommes, et il voulut qu'ils se conduisissent en hommes. Dans la langue des gentilshommes romains, *fripon* était synonyme d'*esclave* (3); du mot *coquus*, qui désignait généra-

(1) Quod de servo qui venerandam sacerdotii dignitatem furatus sit, idem et de illis servis quibus nesciente domino ad primarii sacerdotii honores contendere visum est, statuimus : ut videlicet secundum ecclesiæ constitutionis voluntatem exauthorati, honore in quem clam irrepserint priventur et ad suum servilem statum reducantur.

(Imperat. Leonis constit. xi, in cod. Justinin.

(2) C'est cette conviction qui faisait dire à Horace contre Ména, affranchi de Pompée, que l'argent ne faisait rien à la race :

Licet superbus ambules pecuniâ,
Fortuna non mutat genus. (*Horat.*, epod. lib. od. xv.)

(3) Quid domini faciant, audent cùm talia fures ? (*Virgil.* églog. iii.)

lement tout esclave attaché au service intérieur d'une maison, est venu le mot *coquin ;* et le nom latin des affranchis, *libertini,* est passé dans notre langue pour indiquer la dépravation du corps et de l'ame. Le christianisme s'arma de sévérité pour guérir cette immoralité profonde des esclaves ; il exigea d'eux qu'ils se mariassent, et telle était l'amélioration introduite à la fin du troisième siècle par le christianisme, au milieu de ces hommes depuis si longtemps souillés, que Tertullien osait défier la gentilité de nommer un seul esclave chrétien appelé devant un tribunal pour un délit quelconque (1).

Le paganisme avait laissé les esclaves vivre dans la promiscuité la plus immonde ; Caton l'Ancien, cet homme qui était pourtant de mœurs si sévères, vendait aux siens, pour de l'argent, les pauvres femmes qu'il avait achetées sur les marchés de la Gaule ou de l'Espagne (2). Le christianisme maria les esclaves, ou les condamna au célibat. C'est même une époque curieuse à étudier dans les lois romaines, que cette formation primitive de la famille parmi les esclaves.

Privés de personnalité civile, les esclaves ne pou-

(1) De vestris semper œstuat carcer ; de vestris semper metalla suspirant ; de vestris semper bestiœ saginantur ; de vestris semper munerarii noxiorum greges pascuntur. Nemo illic christianus   (Tertull., Apologet. cap. xliv.)

(2) Ayant opinion (Caton) que ce qui incitait les esclaves à entreprendre et faire les plus grandes méchancetés, était pour accomplir leur volupté pour les femmes, il ordonna que les siens pourraient avoir la compagnie des serves de sa maison pour un prix d'argent qu'il leur taxa, avec expresse défense de n'avoir affaire à autres femmes quelconques, hors de sa maison.
(Plutarq., Vie de Caton, trad. d'Amyot.)

vaient pas se marier comme les hommes libres, en faisant rédiger par le magistrat les *instrumenta dotalia;* aussi se mariaient-ils dans les églises. D'abord, racontent les lois, en priant Dieu à côté de leurs compagnes de captivité, les hommes esclaves leur demandaient si elles consentaient à devenir leurs épouses; si la femme acceptait, ils se faisaient serment l'un à l'autre, et puis ils déclaraient au maître qu'ils s'étaient mariés devant Dieu (1). Il arriva par la suite que les hommes, dominés par les vieilles habitudes du paganisme, trompèrent ces femmes qui s'étaient fiées à leur serment (2). La loi rapporte qu'elles se plaignirent au magistrat, et que celui-ci exigea que le mariage se fît désormais en jurant sur l'Évangile, en présence de deux témoins (3). De nouvelles fraudes s'étant commises, et de malheureuses femmes enceintes et abandonnées ayant réclamé la validité du mariage, Justinien leur fit justice. Pour éviter à l'avenir toute surprise, la loi voulut que le mariage fût fait par le prêtre, à l'église même, et que les noms des époux fussent écrits sur un registre gardé à côté des vases sacrés dans le tabernacle (4). Voilà donc le mariage des es-

(1) In orationis domibus jurantes, habituros se eas legitimas uxores...
(Authent collat.. iii, novell. 74, cap. v.)

(2) Mulieres audivimus ingemiscentes et dicentes quia quidam earum concupiscentia detenti... deinde, dum se satiarint earum desiderio, eas projicientes de suis domibus... (*Ibid.*)

(3) ... ducant eas in domibus suis, sacra tangentes eloquia... (*Ibid.*

(4) Ne matrimonia citra sacram benedictionem confirmentur...
(Imperat. Leonis constitut. lxxxiv.)

claves institué; à quelques années de là, l'empereur Léon II proscrivit le concubinage (1).

C'est donc, comme nous disions, de la moralité des esclaves que le christianisme s'occupa uniquement; il ne leur dit pas, comme les philanthropes: Vous êtes des hommes comme les autres; mais il les fit réellement des hommes comme les autres, leur donnant la dignité, la probité, l'honneur, la famille, qu'ils n'avaient pas. Eh bien, en moralisant ainsi les esclaves, en leur inspirant l'amour de leur condition, le respect de la propriété, le besoin de l'ordre, le christianisme les émancipa réellement; et voici de quelle manière:

Lorsque l'éducation chrétienne eut civilisé les esclaves, lorsqu'elle eut ennobli leurs instincts, élevé leurs idées, épuré leurs mœurs; lorsque d'un ramas de créatures brutes et hargneuses elle eut fait des familles laborieuses, intelligentes, économes, il est clair que les maîtres n'eurent plus besoin d'enfermer chaque soir, comme autrefois, les esclaves dans les *ergastules*; de les surveiller la nuit, de les frapper le jour; ils allèrent d'eux-mêmes au travail, ils le firent mieux et ils en firent davantage. C'était une révolution heureuse pour les maîtres, qui avaient des serviteurs pleins de zèle au lieu d'ennemis dissimulés, et c'était aussi une révolution heureuse pour les esclaves, auxquels des habitudes d'ordre amassaient de bonne heure un pécule pour leurs

(1) Ut concubinam habere non liceat.   (Imperat. Leonis constitut. xci.)

vieux jours. Vers le milieu du quatrième siècle, la métamorphose morale des esclaves était devenue si complète, qu'elle changea la face de l'Occident.

Jusqu'alors, c'avait été un usage pour les maîtres de loger, de nourrir et de vêtir leurs esclaves ; c'était d'abord une mesure de prudence, parce que les esclaves que les maîtres n'auraient pas surveillés chaque jour auraient fort souvent pris la fuite ; c'était ensuite une mesure de nécessité, parce que des esclaves sans famille et sans mœurs régulières auraient été dans l'impossibilité d'utiliser la moindre liberté qu'on leur aurait donnée. Vers le milieu du quatrième siècle, les esclaves étaient généralement si changés, par l'éducation morale du christianime et par les habitudes religieuses, que les maîtres assignèrent à chaque famille une certaine étendue de terres, laissant les esclaves libres de les cultiver à leur guise, en payant au maître une rente fixe, équivalente à ses bénéfices annuels, et en gardant le surplus pour représenter leur logement, leur nourriture et leur pécule (1). C'est sous Valentinien et sous Valens que cette révolution s'opéra, par tout l'Occident, dans le régime des esclaves. Une loi de l'empereur Anastase compléta la révolution vers le commencement du sixième siècle, en déclarant que les esclaves qui auraient joui ainsi pendant trente

(1) ... excolentes terras partem fructuum pro solo debitam dominis præstiterunt, cœtera proprio peculio reservantes.

(Cod. Justin., lib. xi, tit. xlvii, leg. 8.)

2.

ans de la confiance de leurs maîtres, seraient libres de leurs personnes, c'est-à-dire ne seraient plus attachés qu'à la terre, et ne pourraient être vendus qu'avec elle (1). A ce moment, les esclaves devinrent serfs de la glèbe, c'est-à-dire, propriétaires usu-fruitiers, à perpétuité, sous condition de redevance.

Ainsi, sans désordre, sans soulèvement, sans tu-multe, sans bill d'émancipation, le christianisme affranchit les esclaves, et il ne leur donna pas seulement la liberté stérile des philanthropes; il leur donna encore, et avant tout, la moralité, la famille et la propriété.

Or, nous l'avons déjà dit: ce que le christianisme a fait, il peut le faire encore. Il procède au nom des mêmes principes, et il marche toujours au même but. Il prend les esclaves des colonies ignorants, grossiers, dissolus, comme il prit les esclaves de l'ancien monde, il les rendra comme eux, instruits des devoirs sociaux, probes, actifs, écono-mes; il les fera hommes civilisés d'hommes barbares qu'ils sont, et il les conduira à ce point de la vie morale des esclaves, où la liberté est prompte et facile, parce qu'elle est un bienfait pour celui qui la donne, aussi bien que pour celui qui la reçoit.

Dans l'état présent des choses, ce n'est pas seu-

(1) ... tempore annorum trigenta coloni fiunt, liberati manentes cum re-bus suis... (Cod. Justin. lib. xr, tit. xlii, leg. 18)
Si quis prædium vendere voluerit, vel donare, retinere sibi transferendos ad alia loca colonos privatâ pactione non possit.
(Cod. Justin. lib. xr, tit. xlii, leg. 2.)

lement l'intérêt des maîtres qui s'oppose à l'affranchissement immédiat et systématique, c'est encore l'intérêt des esclaves. La liberté ne serait pour eux, comme nous disions, que l'exercice des facultés qu'ils ont; or, ils n'ont pas les facultés que l'ordre social et la concurrence rendent nécessaires; ils n'ont ni l'activité qui acquiert, ni l'ordre qui conserve, ni la famille qui perpétue. L'humanité défend elle-même de jeter les esclaves dans la société, avant de savoir si, dans l'état présent de leurs habitudes morales et domestiques, ils en pourraient accepter les conditions.

C'est donc une grande idée, une idée qui a pour elle le succès et l'histoire, que celle de préparer les esclaves à la liberté par l'éducation religieuse. Le conseil colonial de la Martinique a plus fait, en la concevant, pour l'émancipation des noirs, que n'eussent jamais pu faire les clubs de la métropole. Les philanthropes n'émanciperaient que des esclaves; un jour, le conseil colonial de la Martinique émancipera des hommes.

C'est du reste une pensée commune à tous ceux qui voient de près l'esclavage, que son abolition ne sera véritablement utile, même à ceux qui le subissent, que le jour où les esclaves auront contracté les habitudes morales des hommes libres, et que l'éducation religieuse est le chemin le plus court et le plus sûr pour mener les esclaves à la liberté. Le conseil colonial de la Guadeloupe vient d'exprimer cette vérité dans une adresse au roi, en termes pleins de conviction, de netteté et de convenance :

« Si quelqu'un, dit-il, pouvait nous indiquer le moyen d'abolir l'esclavage sans abolir le travail, il pourrait compter sur notre reconnaissance. La colonie a déjà fait de grands progrès, et, avec l'aide de la Providence, elle continuera à en faire ; mais deux motifs commandent une grande réserve dans les circonstances actuelles : le défaut d'organisation intérieure et l'attente du résultat de l'expérience qui se fait autour de nous.

« Lorsque le décret sur le régime municipal, voté à cette session, aura été mis en vigueur ; lorsque cette institution aura fondé la commune ; que l'instruction religieuse, marchant à sa suite, se sera infiltrée dans les masses, les aura moralisées ; lorsque l'essai qui se continue dans les îles voisines, ayant achevé de parcourir ses diverses phases, nous aura procuré des faits, fourni des lumières que l'expérience seule peut donner, alors nous connaîtrons ce qui est possible, et nous serons en mesure de l'exécuter. »

Ce qu'il faut aux bonnes idées, une fois qu'elles ont été conçues, c'est d'être bien exécutées. Or, l'empressement du conseil colonial de la Martinique à mettre la main à l'œuvre, le choix d'un homme comme M. l'abbé Castelli, préfet apostolique, homme dévoué aux nobles et grandes fonctions qu'il remplit, plein de zèle et d'ardeur pour le bien de la colonie, et maître de son idée comme quelqu'un qui l'a long-temps portée dans sa tête et dans son cœur, tout fait présager un succès prompt et infaillible.

D'ailleurs, à la Martinique moins qu'ailleurs, de pareilles résolutions doivent rester infécondes. Si quelque chose distingue cette colonie depuis plusieurs années, c'est le concours de tous ceux qui l'habitent ou qui la gouvernent pour assurer son avenir. Le clergé peu nombreux qui y dirige l'instruction des esclaves, rivalise d'ardeur et de zèle avec son digne chef, et s'efforce, avec tout succès, il faut le dire, de se tenir au niveau des grandes fonctions civilisatrices qu'il y remplit; les colons, beaucoup plus amis des esclaves que les philantropes français ne le sont de leurs serviteurs, ont réduit les heures de travail dans la semaine, et porté une attention encore plus grande dans le régime intérieur des ateliers; le gouverneur et le conseil colonial, deux rouages du gouvernement de l'île entre lesquels il est bien difficile que la diversité des intérêts, les préjugés ou les malentendus ne jettent pas quelques graviers, se répondent et s'engrènent aujourd'hui avec une précision qui doit tourner au profit des affaires; et le conseil du roi, et dans ce conseil le ministre de la marine, sourds aux clameurs folles ou révolutionnaires de quelques rêveurs oisifs, et pleins de cette conviction qu'ils ont acquise que les Français des colonies ne méritent pas moins leur sollicitude que les autres, et que les intérêts de notre marine marchande et de notre marine militaire sont intimement liés aux progrès de la prospérité coloniale, se montrent résolus à lutter avec fermeté contre tout ce qui tendrait à la ruine de nos établissements d'outre-mer.

Ou les apparences seraient bien trompeuses, ou les colonies entrent dans une ère de calme assez soutenue, pour pouvoir préluder par leurs essais d'amélioration intérieure à la grande révolution que les idées européennes rendront inévitable plus tard.

Partez donc avec confiance et pleins d'espoir en Dieu qui vous aidera, généreux apôtres qui avez été choisis pour préparer cette œuvre si belle; allez porter la vie morale à ces pauvres ames engourdies dans l'ignorance des voies qui mènent au bien. Faites-vous simples avec les simples, indulgents avec les bien-intentionnés, compatissants avec tous; c'est-à-dire imitez les zélés et pieux ecclésiastiques dont vous allez partager les fatigues.

Nous autres, nous défendrons ici ce que vous ferez là bas; nous tiendrons en bride, avec l'aide de la vérité qui triomphe toujours, les railleries qui vous empêcheraient d'aimer votre ouvrage, et les impatiences qui vous empêcheraient de l'achever.

Paris — octobre 1837.

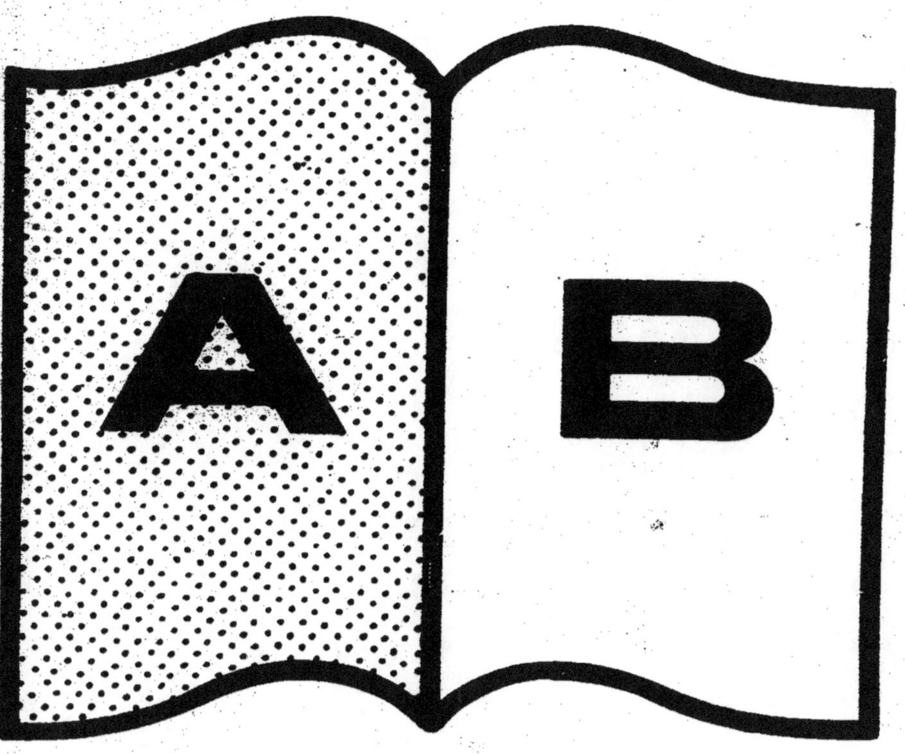

Contraste insuffisant

NF Z 43-120-14